Ciranda Cirandinhas
Vamos todos ler e escrever
Método de alfabetização para brasileirinhos
Volume I

Felicia Jennings-Winterle

Conheça também o volume preparatório e o volme 2 desta coleção.

Educador, utilize esse código para adquirir o guia complementar da coleção.

© Brasil em Mente, 2013.
© Felicia Jennings-Winterle, 2013.

2a edição, 2016.

Jennings-Winterle, Felicia [1983 -   ]

Ciranda Cirandinhas: Vamos todos ler e escrever: Volume 1.
2a edição. New York: 2016.
84 pp.

ISBN-13: 978-1492771999
ISBN-10: 1492771996

1. Alfabetização em português.   2. Alfabetização bilíngue.
3. Português como língua de herança.

Author: Felicia Jennings-Winterle.
Review: Luciana Lessa & Andreia Moroni.
Illustrations bought at Istock.com
Director of Art: Neide Angélica Woerle.

ALL RIGHTS RESERVED TO BRASIL EM MENTE. 2013 - 2016.

This material is copyrighted.
Copy is illegal.

*Dedico este livro à minha mãe,
quem me inspirou e me inspira
até hoje a amar ser professora.*

SOBRE A AUTORA

Essa aí sou eu. Bem, há alguns anos, quando eu tinha a sua idade e estava entrando na escola, onde amava estar. Saía correndo para brincar com os amigos e aprender sobre tudo. Hoje sou adulta, amo ler e escrever e sou professora. Sou brasileira e moro em Nova Iorque. Morando aqui, comecei a notar que muitos filhos de brasileiros não falavam português. Às vezes, só entendiam. Assim, decidi abrir uma escola na qual eles pudessem aprender e brincar em português, e chamei-a Ciranda Cirandinhas.

Mas o que seria falar português se não soubéssemos ler e escrever também?

A minha intenção é que este livro possa ser uma ferramenta para que você, junto com seus pais e professores, possa aprender a ler e a escrever em mais uma língua, ser bilíngue e, assim, um cidadão do mundo. Para que isso dê certo, leia muito, fale muito, mas principalmente, ouça muita música em português e brinque bastante. Espero que você se divirta!

MENSAGEM AOS PROFESSORES

Brasileirinhos são os filhos ou netos de brasileiros que nasceram ou moram no exterior, aos quais o português e a cultura brasileira são um legado que os pais desejam transmitir. Este livro é direcionado a esse público: crianças, a partir de 5 anos, que moram no exterior e falam **português como língua de herança.**

Esta coleção traz uma proposta de enriquecimento àquela realizada pela escola formal, na língua local (dependendo do país de residência), possibilitando um bilinguismo aditivo e uma dupla alfabetização, ou alfabetização bilíngue.

A metodologia do livro leva em consideração que o brasileirinho fala português e traz mais de 200 imagens diferentes para que ele amplie seu vocabulário. As atividades aqui apresentadas convidam-os a observarem os sons da língua portuguesa de forma lúdica, tendo em vista um entendimento metalinguístico.

A Coleção Ciranda Cirandinhas visa demonstrar de forma prática como a alfabetização simultânea é possível e pode, inclusive, potencializar os processos envolvidos no desenvolvimento de cada língua por possibilitar transferências positivas entre os sistemas envolvidos. Não há nenhuma evidência científica que prove que a alfabetização em duas línguas seja um processo confuso e negativo ao sucesso acadêmico da criança. Vamos levantar essa bandeira!

Educador, utilize o guia pedagógico deste material. Ele foi preparado especialmente para você.

ÍNDICE

Meu nome .... p. 07
    Eu e o meu nome .... P. 08
Unidade 1 As Vogais.. p. 09
    Encontros vocálicos... p. 15
Unidade 2 As famílias ....p. 17
    M.. p.18
    B.. p.19
    P.. p. 20
Unidade 3
    D.. p. 23
    T.. p. 24
    N.. p. 27
    L.. p. 30
Unidade 4
    V.. p. 35
    F.. p. 39
Unidade 5
    Z...p.43
    J.. p. 45
    C.. p. 47
    QU... p. 49
    G.. p. 51
    X.. p. 53
    Mesmo som com letra diferente CH .... p. 55
Unidade 6
    S.. p. 57
    A letra S de outro jeito... p.63
    Mesma letra, som diferente .... p. 67
Unidade 7
    R.. p. 71
    Outros sons do R .... p. 73
    R com R? Ixi, vai dar briga... p. 77

MEU NOME

Quais letras fazem parte do seu nome?

A B C D E

F G H I J

K L M N

O P Q R

S T U V

W X Y Z

EU E O MEU NOME

Cole uma foto sua aí embaixo.

Procure pelas letras do seu nome em revistas velhas. Recorte-as e cole-as abaixo.

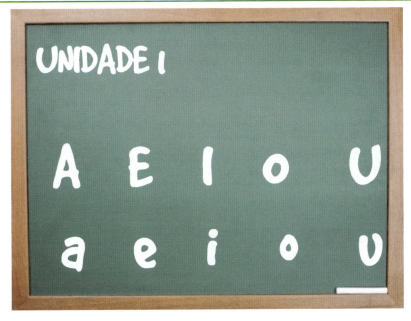

Quando a gente está com sono, abre bem a boca e boceja. Qual é o som do bocejo?
AAAAA
Este é o som da letra **A**, de:

Quando a mamãe chega em casa e diz que tem sorvete de sobremesa, que som a gente faz?
EEEEE
Este é o som da letra **E**, de:

Quando alguém pergunta se é gostoso ir à praia com os amigos num dia de verão, que som a gente faz?

É É É É É

E quando a gente sai de casa sem guarda-chuva e percebe que vai cair o maior temporal, que som a gente faz?

Este é o som da letra I, de:

Quando a gente faz alguma coisa errada, e o papai descobre, que som a gente faz?

O O

Este é o som da letra O, de:

Quando a gente vê uma coisa linda e quer mostrar para todo mundo, que som a gente faz?

Este é o som da letra **O**, de:

E, por último. Quando a gente está muito feliz de ir ao parque. Que som a gente faz?

UHUUUU

Este é o som da letra **U**, de:

Então, vamos lá! Vamos falar todos juntos sons das vogais:

Circule somente as figuras que têm nomes começando com vogais.

Agora que você já sabe o som das vogais, que tal descobrirmos como escrever estas letras? Presta atenção nessa mágica. Estas figuras vão se transformar.

Abracadabra, perna de barata, olhe para a estrada e veja o A.

Ebrequedebre, lelelelelele, pegue o telefone e vê o E.

Ibriquidibri, mimimimimi, ligue para a Isi, ih, vi o I.

Obroodobro, olho de piolho, bolo de repolho, Oh, o O.

Ubucudubru, urubu, murucutu, um, um, um, uh, o U.

A E I O U

Escreva as vogais abaixo das formas, que, por sinal, são bem parecidas.

Encontros vocálicos

Quando duas vogais estão juntas formam um som diferente. O que se diz quando:

Leia as palavras abaixo que contém encontros de vogais:

SOU	MAU	PAU
PÃO	PAI	RIO
MEU	SEU	MÃE

Agora você

Que outros encontros vocálicos podemos formar? Ligue as vogais e divirta-se.

A E I O U

A E I O U

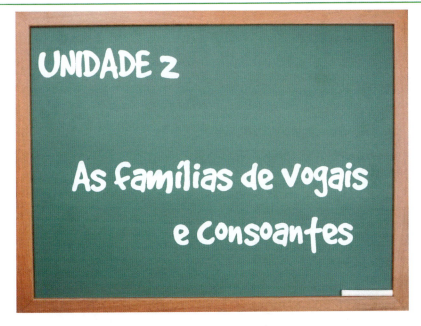

UNIDADE 2
As famílias de vogais e consoantes

Vamos fazer uma experiência? Pegue um lápis de cor ou tinta (se um adulto deixar) vermelha, amarela e azul. A nossa experiência será misturar cores. Vamos ver o que acontece?

O vermelho com amarelo dá

O azul com amarelo dá

E o vermelho com azul, dá

Assim como as cores, quando misturamos duas letras elas formam um outro som. Quer ouvir? Quando eu misturo a letra M que tem um som assim (reproduza) com as vogais, fico com:

Passe o dedo por cima das letras laranjas. Sinta a forma da letra M e faça uma você

Complete as palavras abaixo com MA ME MI MO MU MÃO

CACO   SA   NHOCA

ÇA   LHER

Passe o dedo por cima das letras laranjas. Sinta a forma da letra B e faça uma você.

Complete as palavras abaixo com **BA BE BI BO BU BÃO**

LA

CO

LO

RRO

SA

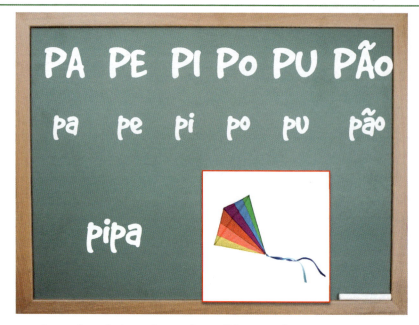

Passe o dedo por cima das letras laranjas. Sinta a forma da letra P e faça uma você.

Complete as palavras abaixo com **PA PE PI PO PU PÃO**

TO　　　　**NA**

ÇO　　**DIM**

Um pouquinho de história

Siga com o lápis o movimento que a história comunica, primeiro no espaço e depois registre no papel. Faça o mesmo com a história do livro sugerido.

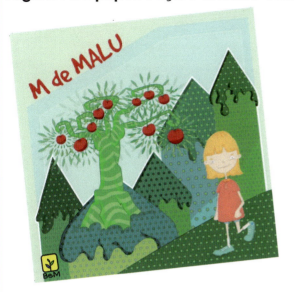

Tudo começou com uma menina chamada Malu. Em um passeio em uma montanha, ela encontra um macaco mal-humorado, uma macieira carregadinha e se delicia com maçãs fresquinhas. Nesse caminho ela forma uma letra – o M de Malu. Uma produção da editora BEM, de autoria de Felicia Jennings-Winterle e ilustrações de Carla Douglass.

Pato que é pato adora nadar. Quando quer nadar, sobe até o lago, dá uma pirueta e …tchibum.

Bombom é bom demais! Bombom é mais gostoso que bala. Bom mesmo é subir de balão e comer dois bombons redondos. Só bailarina não come bombom. Acha que dá barriga. Que boba!

A letra M é uma letra muito especial – é a primeira letra em MAMÃE. A letra P é muito especial também, porque é a primeira letra em PAPAI. Que tal você fazer um desenho que mostre a sua família?

Passe o dedo por cima das letras laranjas. Sinta a forma da letra D e faça uma você.

Quais desses objetos tem o nome começando com letra D? Escreva-os.

Passe o dedo por cima das letras laranjas. Sinta a forma da letra T e faça uma você.

Abaixo há palavras escondidas. Todas têm 4 letras. Quantas você consegue formar unindo a primeira coluna à segunda.

TA	PO
TE	BA
TI	TA
TO	TO
PA	TU
MA	A
TU	PA
BO	BA

Agora você

Vamos formar sílabas com letras que podemos encontrar em revistas? Pegue sua tesoura, sua cola, algumas daquelas revistas que todo mundo já leu e mãos à obra! Juntaremos M P B D T com A E I O U, combinado e colaremos abaixo.

Observe as sílabas que você montou. Você pode formar palavras também? E que tal montar uma história super maluca com estas palavras?

Passe o dedo por cima das letras laranjas. Sinta a forma da letra N e faça uma você.

Você conhece palavras que começam com N ou que têm N no meio? Você sabe como chamamos essa coisinha aí no seu rosto com a qual você respira?

_____

E como chamamos aquela coisa que fazemos para amarrar nossos sapatos?

_____

Como chamamos uma criança bem pequenininha?

_____

E agora o desafio… Como chamamos a parte de trás do pescoço?

_____

Que outras palavras com N você sabe escrever?

_____   _____

Agora você

Você já sabe contar até que número? Conte com os seus colegas. Escreva o nome dos números aí ao lado.

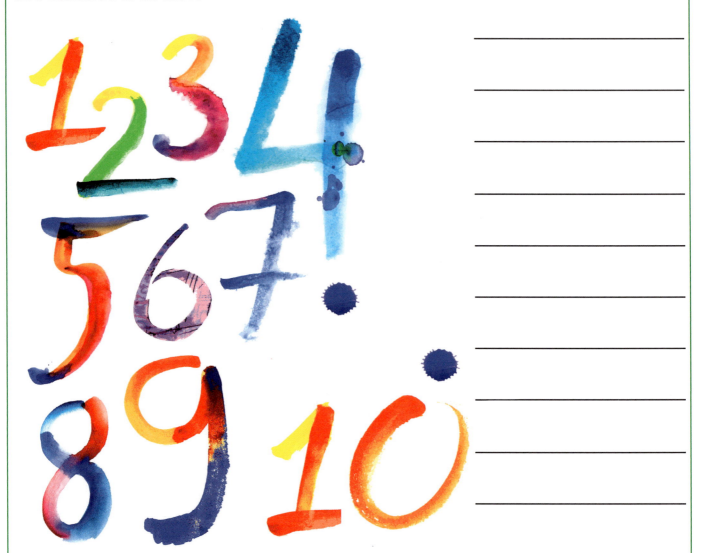

_____

_____

_____

_____

_____

_____

_____

_____

_____

_____

Diga para nós e depois escreva o nome do número.

Quantos anos você tem? _____

Quantos amigos você tem que falam português? _____

Que números aparecem na porta da sua casa ou apartamento? _____

Um pouco de história

Nico é um menino de 3 anos que está naquela fase de só dizer não. É não para tudo. Mas ao ler essa história você vai perceber que nem sempre queremos fazer o que os outros querem. Vai descobrir também algumas coisas interessantes sobre o som da palavra não. Uma produção da editora BEM, de autoria de Felicia Jennings-Winterle e ilustrações de Carla Douglass.

Agora você

Converse com os seus colegas e conte para eles: o que você não gosta de fazer? O que não gosta de comer? Do que não gosta de brincar?

Leia as palavras a seguir. Elas têm um som bem parecido com o da palavra não, mas, para isso acontecer, você precisa adicionar um sinal chamado til. Veja: é o formato da boca do Nico, o menino da história do livro sugerido acima. Coloque o til sobre a letra A nas palavras abaixo, então.

NAO **MAO** **ANAO**

SABAO **MAMAO** **PAO**

Outras palavras recebem o til quando representam uma coisa bem grande. Por exemplo: macaco = macacão

monte = _____ pato = _____

mala = _____ sapo = _____

dente = _____ dedo = _____

Leia as palavras abaixo:

| LATA | LIMÃO | LEITE | LUA | LOBO |

| LUVA | LEÃO | LARANJA | LEGO | LIÇÃO |

Circule os nomes do que você vê a seguir e ligue-os à figura. Que imagens sobraram? Você sabe o nome delas?

   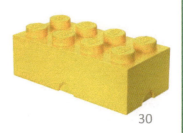

Um pouco de música

Na realidade um pouco de música e de poesia. Música e poesia são quase inseparáveis. Na poesia, as palavras se encaixam umas nas outras como as notas musicais se encaixam na música. Por isso, vamos primeiro ler esse belo poema sobre o lobo-guará e depois ouviremos uma animada música que foi feita a partir dele. Aliás, você sabia que o lobo-guará é um lobo que só mora no Brasil? Se alimenta de frutas, aves e até de insetos.

Lobo-guará
Olha lá
O lobo brasileiro
Diferente do mundo inteiro

Olha lá
O lobo-guará.

Tem pelo ruivo
Só anda sozinho,
Nem se ouve seu uivo
Ele é tímido
E muito quietinho.

Lalau, Os brasileirinhos (2001)

Esse texto traz muitas informações interessantes, você notou? Por exemplo, a gente fica sabendo que esse lobo não é qualquer lobo – é o lobo-guará. Alguém aí na sua turma tem um nome que é na verdade feito de dois nomes? Como Ana Maria ou Ana Luiza?

A gente fica sabedo também que esse lobo é diferente, gosta de andar sozinho, é tímido e quietinho. E você? Gosta de ficar sozinho ou gosta de estar com muitas pessoas? É tímido ou extrovertido? É quietinho ou falante?

A gente descobre também que esse lobo é ruivo. Tem alguém aí na sua turma que seja ruívo? Tem alguém loiro? E moreno?

O que dizemos quando...

_____   _____   _____

Escreva os nomes do que você vê abaixo e preste atenção onde vai o **LA LE LI LO LU LÃO**

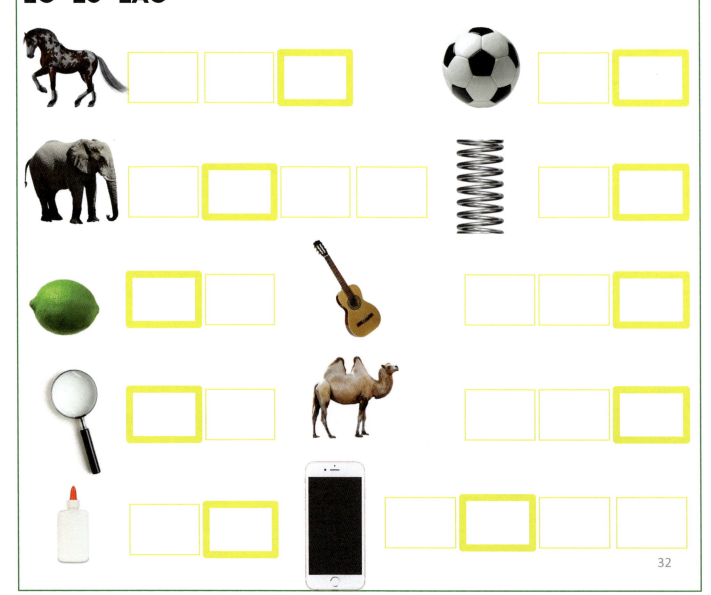

Letras maiúsculas e letras minúsculas

Um jeito muito divertido de aprender a relacionar letras maiúsculas e letras minúsculas é brincar com o "jogo da memória das colheres de plástico". Você é quem vai construí-lo.

Você vai precisar de:
- caneta de tinta permanente
- 26 colheres de plástico brancas
- 26 colheres de plástico transparentes.

1) Escreva as letras maiúsculas do alfabeto nas colheres brancas.
2) Escreva as letras minúsculas do alfabeto nas colheres transparentes.

A brincadeira será unir os pares que estarão espalhados. Ganha quem formar mais pares.

Agora você

Escreva as letras que estão faltanto:

A	B	C	D			
				e	f	g
	I	J	K	L	M	
h						n

			R	S	T	
O	P	q				U
	W	X	Y	Z		
v						

É importante sabermos que a letra maiúscula tem uma função muito importante: todo nome, de gente, de bicho de estimação, de cidade, de país, de escola, de livro, começa com letra maiúscula. A seguir, escreva o seu nome, os de quem mora com você, incluindo o de seu bichinho de estimação, usando uma quadradinho para cada letra. Em seguida, monte uma cruzadinha com os nomes de todo mundo.

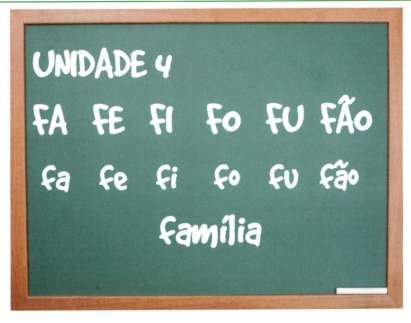

F de **FAMÍLIA**, **F** também de **FOTOS**.

Quem faz parte de sua família? Cole fotos nos quadros a seguir para a classe toda conhecer seu **PAI**, sua **MÃE**, **IRMÃOS**, **AVÓS**, **TIOS**, **PRIMOS**...

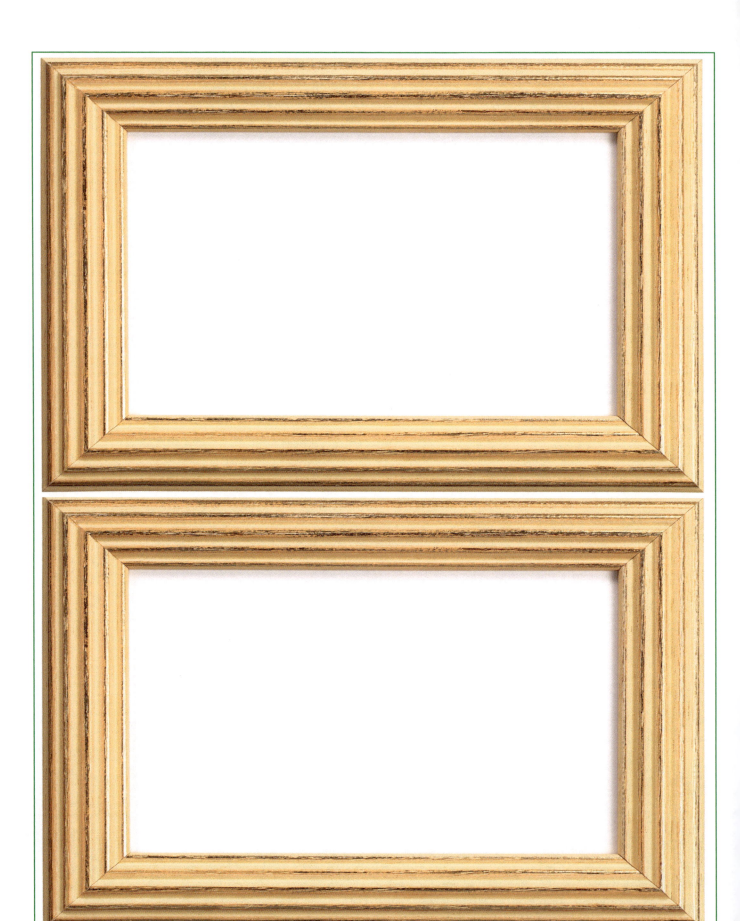

Agora você

Pai, mãe, tio, tia, primo, prima, avô, avó, irmão, irmã... esses são os nossos parentes. Cada um tem um jeito. Cada um gosta de uma coisa. Cada um mora em um lugar diferente. Escolha um de seus parentes, ligue para ele e faça algumas perguntas – quer dizer, uma entrevista. Depois, mostre para os seus colegas.

Qual é o seu nome?

_____

Quantos anos você tem?

_____

Que comida você mais gosta?

_____

Você tem um bicho de estimação?

_____

Onde você mora?

_____

Quantas línguas você fala?

_____

E aí, o que vocês têm em comum? Conte para nós.

_____

_____

_____

Um pouco de música
Que tal aprender essa música super alto-astral e cantar para o vovô e a vovó?

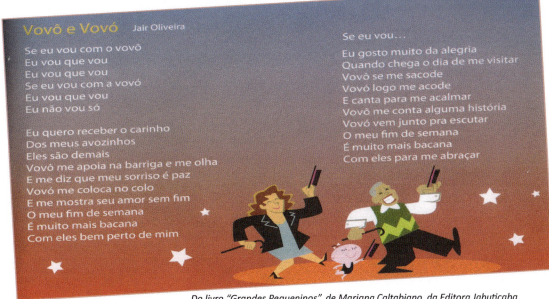

Do livro "Grandes Pequeninos", de Mariana Caltabiano, da Editora Jabuticaba.

Agora você
Complete:

EU VOU COM O _____   EU _____ QUE _____

EU VOU COM A _____   EU _____ QUE _____

EU _____ SÓ.

Quantos vovôs e quantas vovós você tem? Qual é nome deles?

_____

O que você só vê ou só come na casa deles?

_____

Vamos escrever uma cartinha para eles?

_____

_____

_____

_____

_____

_____

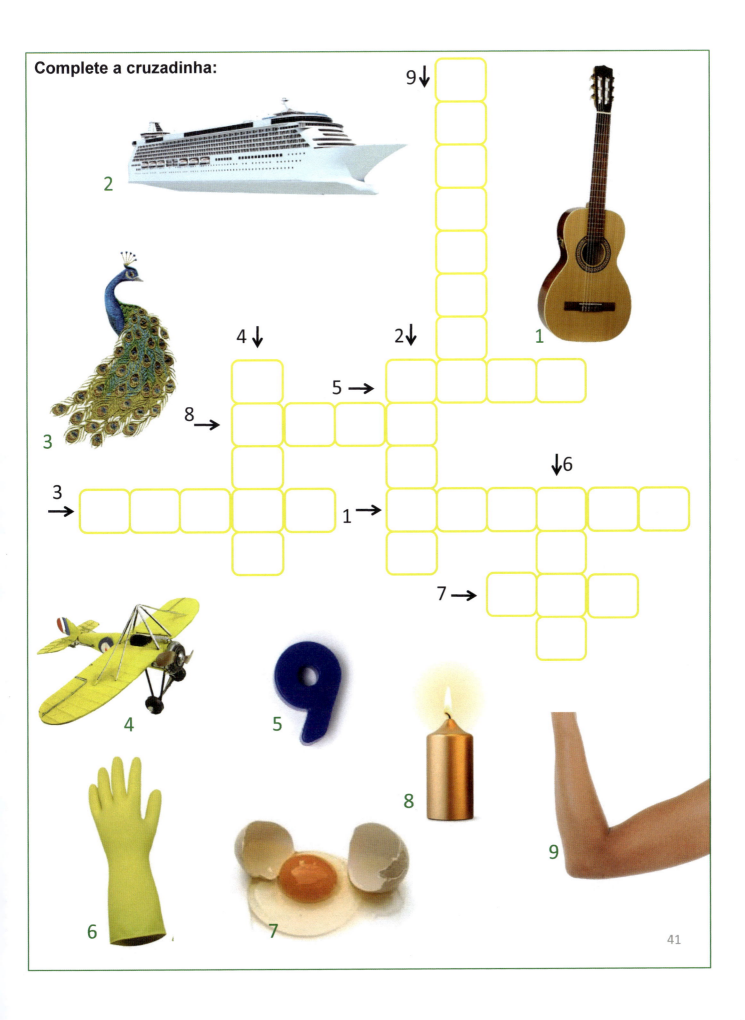

Até aqui você viu 78 imagens! Então, vamos propor um desafio? Volte lá no começo do livro e reveja as figuras. Escreva os nomes delas classificando-as em animais, vegetais, partes do corpo e objetos. Vamos lá?

ANIMAIS	VEGETAIS
PARTES DO CORPO	OBJETOS

Leia a parlenda a seguir:

Tu toca o quê?
Toco zabumba.
Toca forró?
Toco forró, samba
Pagode e maxixe.
Como é que toca?
Zum, tá, zum, zum tá.
Zum, zum, tá tá, tá.

A zabumba é um instrumento de percussão como os demais que você vê abaixo. Você sabe os nomes deles?

Um pouco de informação

A zabumba é o coração do forró. Como instrumento de percussão, dá o ritmo para essa dança deliciosa que nasceu no nordeste do Brasil. Três instrumentos fazem a festa de todo mundo: a zabumba, o acordeão e o triângulo. Aliás, o forró embala as quadrilhas, a dança da festa junina. E aí, você já dançou forró?

A letra Z é a última letra do alfabeto. Em português a letra Z tem sempre o mesmo som – o som do zumbido da abelha e do mosquito. Escreva os nomes das palavras abaixo e circule aqueles que são os mesmos ou bem parecidos em português e na língua do país onde você mora.

44

Leia as palavras abaixo:

JUNINA   JATO   JACA   JANELA   TIJOLO   JATO

LAJOTA   JOSÉ   JAULA   JACARÉ   JUMENTO   JIBOIA

Entre essas palavras, você viu nome de bicho? Nome de fruta? Nome de gente? Nome de coisa? Coisa que voa? E nome de festa? Sim, sim, você viu o nome de uma das festas mais animadas: festa junina.

Festa junina é festa de junho que junta gente feliz e bandeirinhas coloridas. Vem de uma tradição de Portugal e comemora os aniversários de São João, São Pedro e Santo Antônio. Todo mundo veste roupa de caipira: calça jeans, camisa e vestido xadrex. Sempre com chapéu de palha. Lá no arraial a festa dura a noite toda. Na festa junina tem muita comida gostosa. Canjica, pipoca, pé-de-moleque, arroz doce, paçoca, quentão, milho cozinho, salsichão, curau, batata doce assada na fogueira com melado. É, tem fogueira e muita brincadeira. Na verdade tem fogo no chão e fogo no céu. Festa junina tem balão colorido que sobe ao céu e ilumina a quadrilha. Todo mundo dança em roda e grita: Olha a cobra! Ah… é mentira. Olha a chuva! Eh… é mentira.

Um pouco de música

Festa não é festa se não tiver música, não é? Então, vamos cantar juntos as músicas de festa junina que conhecemos? Em seguida, escreva a letra da música "O balão vai subindo" e a da música "Pula fogueira".

O _____ vai subindo

Vai caindo a garoa

O _____ é _____ lindo

E a noite é _____ _____

_____

_____

Acende a fogueira do meu _____

_____ fogueira iá, iá

_____ fogueira iô, iô

Cuidado para _____ se queimar

Pois essa fogueira já queimou o meu amor

A letra C é uma daquelas letrinhas que pode ter mais de um som. Pode ter som de K como em:

E pode ter som de S como em:

Vamos ler juntos?

CA CO CU CÃO   CE CI

Que outras palavras você pode lembrar que começam com CA CO CU CE CI?

_____   _____

_____   _____

_____   _____

Um pouco de história

Antes de ler a história, circule com um giz de cera todas as palavras que começam com C e leia-as com seus colegas.

Caco, o macaco

Caco é um macaco matuto e sabido. Caco gosta de tudo. Coco, cocada, cebola, coxinha. Vive pulando de galho em galho, de cipó em cipó e entra em cada cilada!

Um dia, Caco caiu de um galho. Caiu, caiu, caiu.... E pum.

Não se machucou. Caiu numa lona.

Uma lona? O telhado de um circo.

Um circo? Mas que é que o Caco podia fazer no circo?

Macacadas. Caco come coco e cocada com as crianças e todo mundo ri. Caco vive no circo e faz um dinheirão. Eta, macaco matuto!

(Felicia Jennings-Winterle. Livro em publicação).

Leia a parlenda abaixo:

Periquito maracanã,
cadê a sua lalá?
Faz um ano, faz um dia
que eu não vejo ela passar.

Copie do texto palavras que rimam com os nomes das figuras abaixo:

pirulito _____   bacia _____

Você percebeu que quando a letra Q se junta com a letra U como em PERIQUITO e QUEBRAR fica com um som parecido com o da letra C em cachorro, cotovelo e cubo? Pois é, letras diferentes podem ter sons iguais. Complete as palavras abaixo:

MÁ_____NA   CA_____   A_____

_____XO   _____JO   _____RO

49

Agora você

A língua portuguesa é cheia de parlendas, versinhos que usamos em brincadeiras ou que viram jogo quando a gente fala bem rápido. Vamos brincar com essa aí?

O que é o Cacá quer?
Cacá quer caqui.
Mas qual caqui que o Cacá quer?
Cacá quer qualquer caqui.

Conseguiu? Agora, troque o nome do Cacá pelo seu e a palavra caqui por uma fruta que começa com a mesma letra que começa o seu nome. Veja como fica.

_____

_____

_____

_____

O que é o que é?

Escreve tudo, mas não sabe ler.

_____

Vai à boca, mas não é da boca. Tem dentes, mas não mastiga.

_____

Qual é o céu que não tem estrelas?

_____

50

Assim como o **C**, o **G** tem dois sons. Lembra que na família do **C** tinha o som de **CA CO CU** como em **CACHORRO**, **COLHER** e **CUBO**?

Quando a letra **G** fica com o **A**, **O** ou o **U**, o som vem do fundo da boca, pertinho de onde a língua encosta quando fazemos um gargarejo.

GA **GO** **GU**

  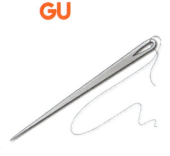

Quando a letra **G** fica com o **E** ou o **I**, o som vem do ar batendo nos dentes, como fazemos para falar o **JA JE JI JO JU** e o **JÃO**.

GE **GI**

Que outros animais você conhece, cujos nomes comecem com G?

_____   _____

_____   _____

_____   _____

E você, tem um bicho de estimação? Qual?

_____

Complete os espaços em branco com ga, go, gu ou gão:

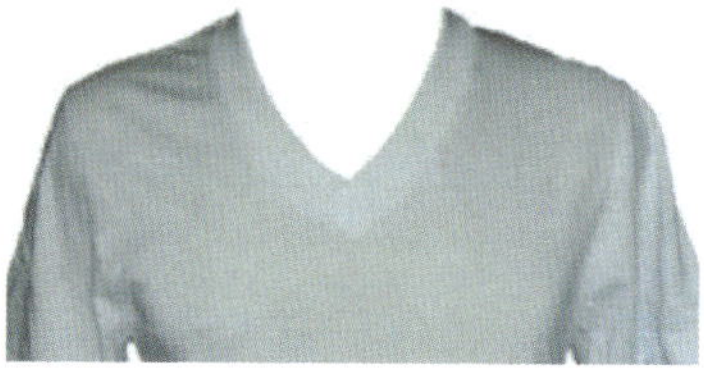

FO

LA

LO

FI

MO

LO

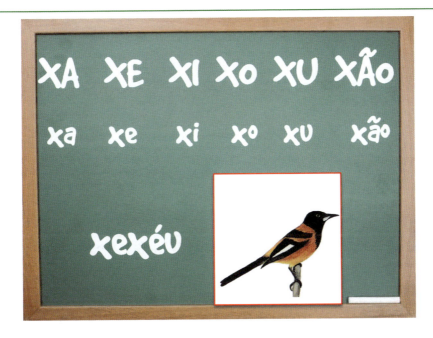

Você conhece estas palavras? Vamos ler.

XÍCARA	MUXOXO	XADREZ	XALE	LIXO
XERIFE	XERETA	ROXO	XAMPU	CAIXA
XAROPE	BEXIGA	MEXE	REMEXE	XEXÉU

Quais são os nomes dos objetos abaixo? Qual nome não vemos escrito?

Você sabia que tem gente que chama esse terceiro objeto de **BEXIGA** e outros de **BALÃO**? Cada um tem um jeito de falar e isso às vezes tem a ver com o lugar onde se nasce e mora. Outra palavra que muda assim é a palavra bolacha e biscoito. Pergunte aí para os seus colegas como eles chamam essa delícia.

Complete com as palavras que estão faltando:

Bia tomou todo o suco de _____.

Eu gosto da cor _____.

O _____ nada no rio.

Você já jogou o _____ na lata?

A bebê está fazendo _____.

Eu guardo meus brinquedos numa _____.

Um pouco de história

Antes de ler a história, circule com um giz de cera todas as palavras que tem x e leia-as com seus colegas.

O peixe fez muxoxo

Peixe gosta de água, de rio, de lago, de mar. Não quer ficar num aquário preso o dia inteiro. O peixe do xerife da minha cidade vivia nadando de um lado para o outro. Parecia feliz, mas estava triste. Fazia muxoxo o dia todo. Só deixava a tristeza de lado quando o xerife trazia uma caixa de bexigas roxas. As crianças da cidade vêm toda sexta-feira trazer o lixo reciclável e cada um leva uma bexiga roxa para casa. Brincam com o peixe e ele remexe sem parar. Quando vão embora, o peixe fica xoxo de novo.

E você, acha que peixes devem viver presos? E outros bichinhos?

Mas que interessante. O ch tem o mesmo som da letra x. Como saber quando usar um e quando usar o outro? Fácil. Lendo bastante.

Escreva os nomes dos objetos abaixo:

_____ _____ _____

_____ _____ _____

Complete com cha, che, chi, cho, chu ou chão.

_____VA   _____TO   COL_____

_____VEIRO   CA_____RRO   _____VEIRO

_____PETA   CA_____EIRA   COL_____

Um pouco de história

Saci pererê

Saci é menino levado, que não deixa nenhum bicho em paz. Sai mexendo em tudo, torcendo o que vê e fazendo bagunça. Saci é menino de uma perna só, com gorro vermelho e cachimbo na boca. Assim como a caipora, o boto e o curupira, o saci protege as matas do nosso grande Brasil.

Muita gente escreveu histórias e músicas sobre o lenda do saci. Você deve ter um livro desses em sua casa. Traga para a classe e mostre para os seus colegas. O saci é parecido nos livros de todo mundo? Que bagunças ele faz?

Um pouco de música

O Grupo Babado de Chita fez uma música muito bacana sobre o saci que já chegou até às cidades. Vamos ouví-la? Acompanhe lendo a letra abaixo.

Peraí pererê

Peraí pererê
Peraí, ô saci
A culpa não é sua
É de quem reagir

Pedro Ribeiro

Neste quadro maluco existem muitas palavras. Circule as que começam com S.

```
S A P O I K Q D A S I S A P A T O M
A C A C G I S E C O J A N E L U W V
L S A P E C A G O T I G U E S A C O
U C E A B R E K K P O T Z S A C I V
A S S S A B A O C A X U S O F A C B
C D M A S O P A I X O L U D S U C O
M I K U L S O D H R O S A L A D A X
```

E aí, quantas palavras você conseguiu achar? Você pode escrevê-las abaixo?

_____ _____ _____ _____

_____ _____ _____ _____

_____ _____ _____ _____

Escreva os nomes somente dos objetos que, em português, começam com a letra S. Depois, circule aqueles que também começam com S, mas na língua de onde você mora.

Você conhece a música "O sapo não lava o pé"? Vamos escrevê-la abaixo?

O _____ não _____ o _____

_____ _____ porque _____ quer

Ele mora _____ _____ _____

_____ _____ _____ _____

porque _____ quer

Agora cante a música abaixo com a mesma melodia do "Sapo não lava o pé".

A sapa é sapeca.
Pula e roda sem parar.
Suja a saia e o sapato e não para de rodar.
O sapo foi pular com a sapa lá no rio.
Sapecou um beijo nela e com ela vai casar.

O sapo é o marido da sapa. E como chama os maridos e esposas de outros animais?

leão _____   macaco _____

pato _____   cachorro _____

cavalo _____   gato _____

abelha _____   ovelha _____

vaca _____   elefante _____

camelo _____   galinha _____

tigre _____   pássaro _____

Mais um pouco de música

A música POMAR da dupla Palavra Cantada foi composta usando frutas e suas árvores. Tem esse nome porque fala de um monte de árvores de frutas juntas. Algumas das frutas que você vai ouvir, só dão no Brasil. Ouça a música e escreva os nomes das frutas.

Discuta com seus colegas sobre essas frutas. Conte para eles quais você gosta, quais não gosta e quais nunca provou. Quais os nomes dessas frutas na língua do país onde você mora?

Você sabia? Usamos o S para formar palavras no plural:

Agora você
Na atividade anterior você viu muitas frutas. Faça uma lista de 5 frutas que você gosta. Em seguida, escreva-as ao lado, no plural.

_____   _____

_____   _____

_____   _____

_____   _____

_____   _____

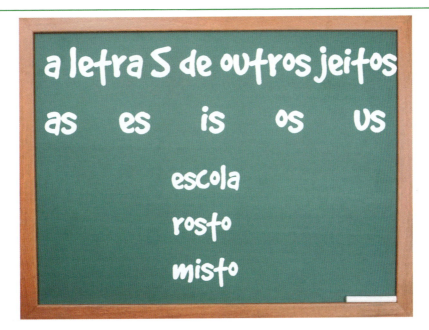

Um pouco de música

A semana

Todo dia eu vou à escola
Porque eu gosto de estudar
Na segunda, e na terça
E na quarta, e na quinta
E na sexta, e no sábado
Pra no domingo descansar
Ah, semana…

(Autor desconhecido)

Hoje aprenderemos outros sons da letra s. Sabemos que o s no começo de uma palavra soa assim:

SAPO   SEDE   SINO   SODA   SUCO

Quando vem no meio da palavra, o som ainda é parecido, mas muda um pouquinho. Veja:

ESCOLA

ES – CO – LA

ES

Agora você

Você gosta de ir à escola? O que faz na escola? Como chama sua professora? Que brincadeiras só brinca na escola? Que materiais só a escola tem? Quem são seus amigos? Escreva para nós.

_____

_____

_____

_____

_____

Leia as palavras abaixo e copie-as nos triângulos de acordo com as sílabas:

disco   cuspe   rosto   máscara   gostoso

escuro   lápis   musgo   escola   pasta

AS

OS

IS

ES

US

Copie o nome correto da figura:

lema / lesma   pote / poste   ano / asno   gota / gosta

Junte sílabas e descubra nomes de insetos e aracnídeos. Você tem medo deles?

LA	ES	FOR	LES
COR	GOS	MI	GA
PI	ÃO	TA	PA
MOS	CA	VES	MA

Um pouco de informação

Osso é a parte mais dura do corpo humano e nos sustenta para andarmos por aí. Os animais que tem ossos em seus corpos são chamados vertebrados. Osso quebra, osso trinca, osso cresce. Cuidado com seus ossos. Coma bem para ter ossos fortes.

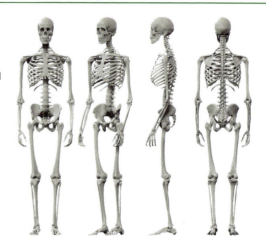

Leia em voz alta as palavras abaixo:

OSSO   ASSA   ISSO

Como ficam então os nomes dos objetos e da ação abaixo representados?

_____   _____

_____   _____

_____   _____

Mesma letra, som diferente

Outras palavras são escritas com a letra S mas essa letra fica com som de Z. Diga para nós o que vê abaixo e escreva os nomes somente do que é escrito com S.

ZEBRA

Um pouco de música

É em casa que temos nossas coisas guardadas, que dormimos, que brincamos. Cada casa é de um jeito, mas certas coisas não podem faltar. O que será?

A casa

Era uma casa muito engraçada
Não tinha teto
Não tinha nada
Ninguém podia entrar nela não
Porque na casa não tinha chão
Ninguém podia dormir na rede
Porque na casa não tinha parede
Ninguém podia fazer xixi
Porque penico não tinha ali
Mas ela feita com muito esmero
Na rua dos bobos, número zero.

Vinicius de Moraes

E você, mora em casa ou em apartamento?
Sua casa tem teto? Tem chão? Tem parede? E penico?

Em casa guardamos nossas coisas mais preciosas, as que mais gostamos e com as quais relaxamos. Em casa fazemos a maioria de nossas refeições, dormimos, tomamos banho. A sua casa é grande ou pequena? Quantos quartos e banheiros ela tem? Quantas salas? Depois de contar para os seus colegas, ligue os objetos que você vê na página seguinte à parte da casa onde ele fica.

QUARTO	BANHEIRO
COZINHA	SALA

Quantos outros objetos você pode escrever abaixo que você tem em seu

QUARTO _____

_____

BANHEIRO _____

_____

COZINHA _____

_____

SALA _____

_____

Tem coisa que só fazemos em casa e tem coisa que só fazemos fora de casa - na escola, num restaurante, no banco, no supermercado. Converse aí com os seus colegas e escreva abaixo algumas possibilidades.

Em casa eu _____

Na escola eu _____

No restaurante eu _____

No banco eu _____

No supermercado eu _____

Só _____ em casa.

Só _____ na escola.

A letra R tem muitos sons. R de **RATO, RENATA, RISO, ROSTO** e **RUA**. R de **ARCO, CERTO, ORCA** e **BARCO**. R de **CARRO, ERRO**... Hoje, vamos falar das palavras que começam com R.

Será que você consegue falar isso bem rápido?

O   RATO   ROEU   A   ROUPA   DO   REI   DE   ROMA.

Ligue as palavras às figuras:

| RAIO | REMO | RABANETE | ROMA |

| RABO | RINOCERONTE | ROSTO |

Um pouco de música

Vamos ouvir a música **RATO** da dupla Palavra Cantada? O pobre rato, apaixonado, teve que passar por muitos obstáculos antes de chegar na ratinha. Você se lembra da ordem na qual eles apareceram?

 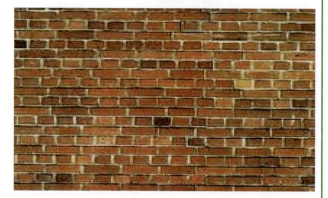

Mais um pouco de música
Leia o texto, depois cante esta letra na melodia de "O sapo não lava o pé":

O rato é o rei.
Na rua roda, ri.
Namora a rata Rita
Rodopia até cair.
Roda, roda, roda.
Ri, ri, ri.
Roda, roda, roda
Rodopia até cair.

Hoje vamos aprender outros sons da letra R.

ÁRVORE

ÁR – VO – RE

ÁR

Leia:

ARCO	CARTA	TARDE	MAR
VERDE	PERNA	MERCADO	LER
IRMÃ	IRMÃO	CIRCO	RIR
PORTA	COR	DOR	POR

Agora você

O que os adultos usam para bater num prego?

_____

O que tomamos num dia quente de verão que é cremoso e geladinho?

_____

Um dia delicioso que passa muito rápido não é um dia longo, é um dia

_____

Que palavras você consegue formar com as sílabas abaixo

| por | per | gor | va | no | ca |

| co | cur | ar | der | do | na |

_____ _____ _____ _____

_____ _____ _____ _____

_____ _____ _____ _____

Um pouco de informação

Antes de ler o texto, circule com um giz de cera todas as palavras que tem ar, er, ir, or e ur e leia-as com seus colegas.

As araras são aves coloridas, lindas e muito barulhentas. São da mesmo família dos papagaios, mas conseguem aprender a falar poucas palavras. Comem frutas, sementes, insetos e castanhas. Muitas espécies de araras estão em extinção, pois muitas pessoas compram esses pássaros e ficam com eles em casa, como um bicho de estimação. Os índigenas sempre admiraram sua beleza e muitos de seus cocares e jóias são enfeitados com as penas coloridas desses animais.

A R A R A

A – RA – RA

RA

Leia:

| MURO | TAREFA | GAROTA | JANEIRO | CARA |
| CARETA | AMARELO | PIRULITO | FEIRA | FAROFA |

75

Agora você

Complete as palavras com ra   re   ri   ro   ru

cadei_____   padei_____   colo_____do

ga_____ta   ca_____ta   ama_____lo

Leia as palavras abaixo:

| ma | pa | | bo | la | | ca | me | lo | | Mar | ce | lo |

Agora, bata 1 palma para cada quadradinho. Ouça como a palavra soa assim, em pedacinhos. Cada um desses pedaços são chamados de sílabas. Como fica o seu nome, assim divididinho?

☐ ☐ ☐ ☐ ☐

Com o jogo de sílabas (que você pode encontrar no final do livro) vamos formar algumas palavras. Primeiro, recorte os quadradinhos. Depois, forme os nomes dos objetos cujas imagens estão nas cartelas. Escreva abaixo as palavras que você formou, juntando as sílabas.

_____   _____

_____   _____

_____   _____

_____   _____

_____   _____

R COM R? IXI, VAI DAR BRIGA

GARRAFA

GAR-RA-FA

RRA

Leia:

GARRAFA   MORRO   BARRACO   BURRO   BARRIGA

GORRO   JARRA   SERROTE   TORRE   MACARRONADA

CORRIDA   CARRO   FERRO   MARRECO   BEZERRO

Separe as sílabas das palavras. Observe o exemplo:

MACARRÃO

JARRA

CARRO

GORRO

SERROTE

GARRAFA

Com o seu colega, escreva os nomes de 8 bichos que você conhece. Depois complete o quadro:

Quantas vezes você mexeu a boca?

Quantas letras a palavra tem?

Palavra		

Escreva os nomes das 9 brinquedos que você mais gosta:

Palavra	👄	✏️

Agora você

Você gosta de salada de frutas? Que tal fazermos uma salada de frutas de sílabas? Siga o código escrito abaixo de cada fruta e forme palavras.

va	ca	pa	to	va
lo	ri	lo	ca	si
ca	ga	co	mi	fo
bo	nu	la	co	de
be	pi	pa	ca	ão
dão	ca	bo	xa	bê

pa	pê	çã	ro	na
a	pa	lu	pe	vão
xo	ma	ma	pi	ra
bo	pe	te	ro	ba
a	ta	lo	ga	ão
bô	to	ta	vi	ca

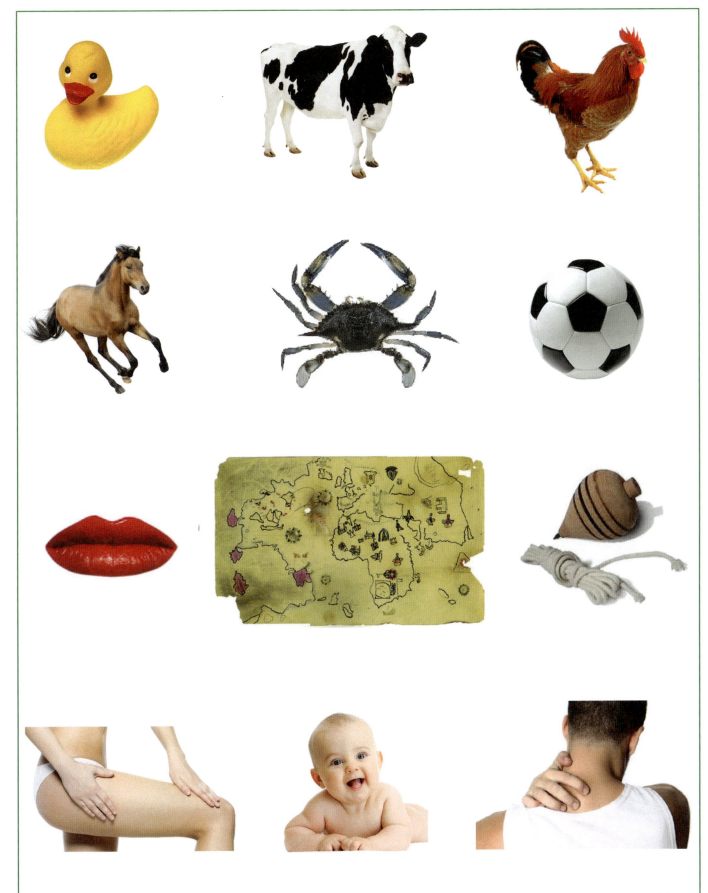

85

Made in the USA
Charleston, SC
30 April 2016